Wie ist es, wenn es Krieg gibt?

ALLES ÜBER KONFLIKTE

Louise Spilsbury

Hanane Kai

Gabriel

Mehr über unsere Bücher, Autor:innen und Illustrator:innen auf:
www.thienemann.de

Louise Spilsbury und Hanane Kai
Wie ist es, wenn es Krieg gibt?
978 3 522 30534 1

Aus dem Englischen von Jonas Bedford-Strohm

Die englische Originalausgabe erschien unter dem Titel *Global Conflict* 2017 by Wayland an Imprint of Hachette Children's Books Part of Hodder and Stoughton Carmelite House 50 Victoria Embankment, London EC4Y 0DZ.

Text: Louise Spilsbury
Illustrationen: Hanane Kai
Einbandtypografie: Doris Grüniger, Buch und Grafik, Zürich
Innentypografie: Eva Mokhlis, Swabianmedia, Stuttgart

8. Auflage 2026

Inhalt

Menschen im Streit

Menschen auf der ganzen Welt gehören zu den unterschiedlichsten Gruppen. Du bist zum Beispiel Teil einer Familie, einer Schulgemeinschaft und vielleicht Mitglied in einem Verein oder einer Mannschaft.

Alle Menschen kommen aus unterschiedlichen Ländern und wachsen in unterschiedlichen religiösen Traditionen und Gemeinschaften auf. Meistens leben die verschiedenen Gruppen ganz friedlich miteinander.

Aber nicht immer kommen alle Menschen gut miteinander aus. Wenn das Zusammenleben nicht klappt, dann kommt es zu Konflikten. Vielleicht kämpfen Gruppen sogar gegeneinander und versuchen, einander wehzutun. Wenn wir Nachrichten über die Konflikte in der Welt hören, kann uns das sehr traurig, wütend oder ängstlich machen.

Warum gibt es Konflikte?

Wenn Menschen streiten, lösen sie ihr Problem meist schnell. Aber wenn ganze Gruppen und Länder betroffen sind, ist das manchmal viel schwieriger. Wenn sie ihren Streit nicht mit Worten lösen können, kämpfen manche sogar mit Gewalt gegeneinander. So ein Streit kann entstehen, wenn eine Gruppe oder ein Land versucht, ein Gebiet von einem anderen Land wegzunehmen. So ein Streit kann aber auch entstehen, wenn man jemanden hindern will, andere Menschen schlecht zu behandeln oder ihnen wehzutun. Dann ist es zwar gut gemeint, aber kann trotzdem schiefgehen und den Streit noch schlimmer machen.

Manche Menschen sind der Meinung, dass alle anderen genauso leben sollen, wie sie es selbst tun. Wenn diese Menschen andere dazu zwingen wollen, ihre Regeln zu befolgen, dann kann das zu Konflikten führen. So ein Streit entsteht manchmal, wenn Menschen mit verschiedenen Religionen zusammenleben. Eine große Gruppe will vielleicht den Mitgliedern einer kleineren Gruppe nicht erlauben, ihre Religion zu leben. Weil der Glaube für die Menschen aber so wichtig ist, kann das zu sehr heftigem Streit mit sehr starken Gefühlen führen. Wenn man dann nicht aufpasst, kann das sogar in Gewalt ausarten.

Was ist Krieg?

Wenn es ganz schlimm wird, gibt es einen Krieg, in dem die unterschiedlichen Gruppen dann so lange kämpfen, bis eine Seite aufgibt oder keine Kraft mehr hat. Manchmal hört der Krieg auch auf, weil die Beteiligten es doch noch schaffen, ihre Probleme mit Worten zu lösen. Das ist die beste Lösung, denn in einem Krieg gibt es immer Opfer, manchmal sind darunter auch Kinder. Menschen, die nicht selbst kämpfen, nennen wir Zivilisten. Sogar im Krieg gibt es Regeln, die weltweit gelten und Zivilisten schützen. Wenn Einwohner einer Kriegsregion gar nicht selbst kämpfen, darf keine der Armeen sie angreifen. Die Vereinten Nationen - auch UN genannt - kümmern sich darum, dass diese Regeln eingehalten werden.

Die meisten Menschen finden, dass Krieg schlecht ist und dass es viel besser ist, die Probleme mit Worten statt mit Gewalt zu lösen. Aber manchmal ziehen Menschen trotzdem in den Krieg, weil sie glauben, dass es der einzige Weg ist, um Schlimmes zu verhindern. Soldaten, die in einem Krieg kämpfen, machen das meistens, um die Dinge und Menschen, die ihnen wichtig sind, zu beschützen. Aber man sollte einen Krieg nicht leichtfertig beginnen, denn Krieg tut immer vielen Menschen weh – oft auch Menschen, die gar nicht am Streit beteiligt waren.

Was ist Terrorismus?

Wenn jemand Gewalt ausübt, um Aufmerksamkeit für die eigenen Ideen und Ziele zu bekommen, dann nennen wir das Terrorismus. Politische oder religiöse Gruppen organisieren terroristische Angriffe, weil sie sich ungerecht behandelt fühlen oder die Überzeugungen von anderen Menschen nicht gut finden.
Manchmal verstecken Terroristen sogar Bomben an Orten mit vielen Menschen, wie zum Beispiel Flughäfen oder Bahnhöfen, und zünden diese Bomben dann, wenn es keiner erwartet. Die Terroristen möchten den Menschen so Angst einjagen, damit die Mächtigen dann genau das machen, was die Terroristen wollen. Die Wahrscheinlichkeit, dass ein Terrorist dir oder deiner Familie in irgendeiner Weise wehtun wird, ist aber sehr, sehr gering.

Was passiert in Konflikten?

Menschen auf allen Seiten eines Konflikts können in einem Krieg oder einem Terroranschlag verletzt oder sogar getötet werden. Die Häuser und alles, was den Menschen gehört, kann durch die Kämpfe zerstört werden. Auch die Orte, wo Menschen arbeiten, beten oder lernen, können niedergebrannt werden.

Manchmal verlassen Menschen ihre Heimat, um vor den schrecklichen Kämpfen und der Gewalt zu fliehen. Sie ziehen los, um einen sichereren Ort zum Leben und ein besseres Leben zu finden. Menschen, die ihre Heimat verlassen, weil ihr Leben in Gefahr ist, nennen wir Flüchtlinge oder auch: Geflüchtete.

Leben verändern

Gewaltsame Konflikte können das Leben von Menschen für immer verändern. Die Betroffenen müssen dann neue Häuser finden und die zerstörten Straßen, Brücken und Gebäude wiederaufbauen. Geflüchtete müssen sich einen neuen Ort zum Leben und Arbeiten suchen. Sie müssen neue Freunde finden und oft auch eine neue Sprache lernen. Noch lange nach einem Konflikt haben die Betroffenen Angst und sind sehr traurig.

Stell dir einmal vor, wie es wäre, wenn du gar nicht mehr zur Schule gehen könntest. Wenn die Schulen zerstört sind, verlieren die Kinder auf einen Schlag die Möglichkeit, zu lernen und gemeinsam zu spielen. Deswegen versuchen die Lehrerinnen und Lehrer dann oft, an ganz ungewöhnlichen Orten trotzdem Unterricht zu halten, bis eine neue Schule gebaut werden kann.

Menschen helfen

Viele Menschen tun sich zusammen, um anderen in schwierigen Situationen beizustehen. Diese Gruppen nennt man Hilfsorganisationen. Sie kümmern sich zum Beispiel um sauberes Wasser, Essen, Decken und Zelte für die Menschen, die ihre Häuser verloren haben. Sie trösten diejenigen, die traurig sind, und ermutigen diejenigen, die Angst haben. Sie helfen auch dabei, Ärztinnen und Ärzte, Krankenpflegerinnen und Krankenpfleger, und auch Medikamente für die Behandlung zu finden, wenn Menschen verletzt sind. Eine solche Organisation ist zum Beispiel „Ärzte ohne Grenzen“.

Regierungen, religiöse Gruppen und Hilfsorganisationen helfen dabei, den betroffenen Menschen wieder ein gesundes und friedliches Leben zu ermöglichen. Sie suchen zum Beispiel Häuser für Geflüchtete. Sie bezahlen manchmal auch das Baumaterial, um neue Gebäude zu errichten oder um Stromleitungen zu bauen. In anderen Fällen organisieren sie auch Werkzeuge und Maschinen, damit die Menschen wieder arbeiten können.

Sicher leben

Regeln geben uns Sicherheit. In der Schule gibt es zum Beispiel Regeln, damit keiner geschlagen oder gehänselt wird. Beim Brettspiel gibt es Regeln, damit das Spiel fair für alle ist. Wenn man einfach die Regeln nicht befolgt, dann ist das unfair für alle. Schummeln findet deswegen ja auch keiner wirklich gut. Auch im Sport gibt es Regeln, damit alle überhaupt zusammen spielen können.

Wenn einer beim Fußball zum Beispiel einfach mit der Hand zum Ball geht, funktioniert das ganze Spiel gar nicht mehr. Deswegen pfeift der Schiedsrichter das als Foul und es gibt Freistoß oder sogar Elfmeter für die gegnerische Mannschaft. Wenn der Schiedsrichter oder die Schiedsrichterin einen guten Job macht, dann kann man sich darauf verlassen, dass alle Regeln eingehalten werden und keiner verletzt oder unfair behandelt wird. Genauso gibt es deshalb auch Regeln darüber, was in einem Krieg passieren darf. Diese Regeln sollen Kinder, Zivilisten und verletzte Soldaten, aber auch Krankenhäuser und religiöse Orte beschützen.

Konflikte lösen

Es ist gut, wenn du einen Streit ganz alleine lösen kannst, aber manchmal wirst du vielleicht die Hilfe von Erwachsenen brauchen. Auch wenn Länder oder große Gruppen miteinander streiten, gibt es Menschen, die dabei helfen, Lösungen für diese Konflikte zu finden. Die Vereinten Nationen sind zum Beispiel eine Gruppe von Ländern, die zusammenarbeiten, um Kriege zu beenden und Zivilisten zu beschützen.
Die Vereinten Nationen und die Regierungen versuchen, die beteiligten Gruppen für Gespräche zusammenzubringen. Sie helfen ihnen einen fairen Weg zu finden, um die Probleme zu lösen, ohne dabei anderen Menschen wehzutun. Sie versuchen, die Probleme nicht mit Waffen, sondern mit Worten zu lösen.

Konflikte verhindern

Es ist ganz normal, dass Menschen manchmal unterschiedliche Meinungen haben. Wichtig ist, dass ein Streit nicht in einen gewalttätigen Kampf ausartet. Das wird einfacher, wenn alle Beteiligten ihre Gefühle und Gedanken in einer freundlichen Art und Weise ausdrücken können. Wenn Menschen aber beginnen, sich gegenseitig zu beleidigen, verlieren beide Seiten leicht die nötige Ruhe.

Wenn alle wirklich zuhören, können sie beginnen, einander zu verstehen. Vielleicht schaffen sie es dann sogar, miteinander einen Kompromiss auszuarbeiten. Ein Kompromiss ist eine Einigung, die beiden Seiten hilft, obwohl sie nicht genau das bekommen, was sie am Anfang haben wollten.

Wenn du zum Beispiel gerne auf der großen Schaukel schaukeln willst, aber ein anderes Kind will genau das Gleiche, dann könnt ihr euch darauf einigen, dass ihr euch abwechselt und gegenseitig Schwung gebt. So habt ihr aus einer schwierigen Situation einen guten Kompromiss gemacht, der euch beiden hilft.

Andere verstehen

Verständnis füreinander hilft dabei, Konflikte zu vermeiden. Wir alle haben sehr viel gemeinsam: Jeder braucht ein Zuhause, Essen, Wasser, Familie und Freunde. Wir alle verdienen ein sicheres Leben und die Freiheit, unsere eigenen Gedanken und Ideen zu haben. Gegenseitiges Verständnis hilft uns dabei, Respekt zu zeigen und friedlich zusammenzuleben.

Es ist nur natürlich, wütend zu werden, wenn wir sehen, dass anderen Menschen Leid zugefügt wird. Aber wir sollten nicht gleich die ganze Gruppe verantwortlich machen, wenn einige ihrer Mitglieder etwas Schlechtes tun. Wenn zum Beispiel an deiner Schule jemand einen Computer klauen würde, dann wäre es doch auch falsch zu behaupten, dass alle Schülerinnen und Schüler an deiner Schule Diebe sind, oder?

23

Sprich darüber!

Es ist gut, wenn du viel über die globalen Konflikte lernen willst. Wenn du dich dabei von den großen Herausforderungen entmutigt fühlst oder traurig und wütend bist, dann sprich darüber mit einer erwachsenen Person, der du vertraust. Sie kann dir vielleicht helfen, obwohl es auch für Erwachsene oft nicht leicht ist, mit Konflikten umzugehen. Es hilft sicher auch, wenn du dir klarmachst, wie viel Gutes in der Welt geschieht, und du dich den Dingen widmest, die dir Freude bereiten, wie zum Beispiel mit Freunden spielen. Die meisten Menschen kümmern sich umeinander und sind freundlich. Du und deine Familie sind gar nicht selbst in großer Gefahr. Denk dran: Es gibt eine ganze Menge kluger Leute, die hart daran arbeiten, Kriege und Terror zu beenden, um die Welt zu einem sicheren Ort für uns alle zu machen.

Wie kannst du helfen?

Es fühlt sich gut an, anderen zu helfen. Und es gibt eine Menge Dinge, bei denen du helfen kannst. Du könntest Spenden und Kleidung für Geflüchtete sammeln. Du könntest einen Kuchen backen oder ein Konzert organisieren, um Geld für Hilfsorganisationen zu sammeln, die Menschen in Konflikten helfen. Oder du schreibst einen Brief an die Regierung, damit sie hilft. Es gibt natürlich noch viele andere Möglichkeiten. Welche Ideen hast du?

Informiere dich!

Kinderportal „frieden-fragen.de – gemeinsam Frieden erleben"
https://www.frieden-fragen.de/

Infoseite zum Thema Krieg des Deutschen Kinderhilfswerks
https://www.kindersache.de/bereiche/wissen/politik/krieg-kinder-medien

Gemeinsames Friedensgutachten der Friedensforschungsinstitute
https://www.friedensgutachten.de/

Globale Konflikt-Landkarte der Bundeszentrale für politische Bildung
http://www.bpb.de/internationales/weltweit/innerstaatliche-konflikte/54568/konfliktportraets

Konfliktbarometer des Heidelberger Instituts für Internationale Konfliktforschung
https://hiik.de/konfliktbarometer/aktuelle-ausgabe/

Friedensarbeit der Katholischen Kirche
http://weltkirche.katholisch.de/Themen/Friedensarbeit

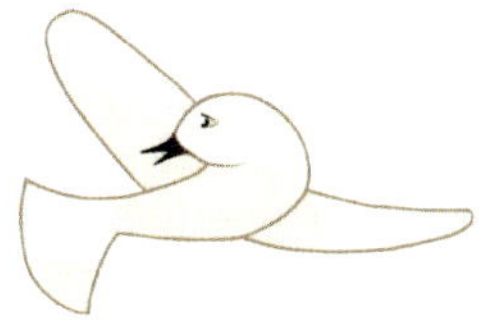

Friedensarbeit der Evangelischen Kirche

https://www.evangelische-friedensarbeit.de/

Infos zur Aktion Sühnezeichen Friedensdienst

https://www.asf-ev.de/ueber-uns/

Impulse der Ökumenischen Friedensdekade

http://www.friedensdekade.de/impulse/

Lernhelfer-Lexikon: Gewaltfreie Konfliktlösung

https://www.lernhelfer.de/schuelerlexikon/politikwirtschaft/artikel/gewaltfreiheit-eine-alternative

Infos zum Deutschen Institut für Menschenrechte

https://www.institut-fuer-menschenrechte.de/

Infos zu Amnesty International

https://www.amnesty.de/

Infos zu Human Rights Watch

https://www.hrw.org/de

Wichtige Wörter

Ärzte ohne Grenzen Ein Zusammenschluss von Menschen, die sich mit Medizin auskennen und Menschen an Orten auf der ganzen Welt bei der medizinischen Versorgung helfen, wenn die Medikamente knapp sind oder die Krankenhäuser nicht in Frieden arbeiten können

Konflikt Ein komplizierter Streit, der lange dauert und schwer zu lösen ist

Tradition Überzeugungen und Verhaltensweisen, die von einer Generation zur nächsten weitergegeben werden und von einer Gruppe Menschen als wertvoll empfunden werden

Kompromiss Die Lösung für einen Streit, bei der alle ein bisschen nachgeben, damit man gemeinsam zu einer friedlichen Lösung kommen kann.

Religion Überzeugungen und Verhaltensweisen, die auf dem Glauben an einen oder mehrere Götter basieren und von Menschen gemeinsam gelebt werden, wie zum Beispiel im Beten

Respekt Wenn man andere Menschen wertvoll findet und ihnen keine Gewalt antut, sondern mit Freundlichkeit und Interesse auf sie zugeht

Terrorismus Gewalt ausüben, um anderen Menschen Angst einzujagen und dadurch Macht und Kontrolle zu erlangen

UN / Vereinte Nationen Vereinigung von fast allen Ländern der Erde, die sich gemeinsam zum Ziel gesetzt hat, allen Menschen auf der Erde ein besseres Leben zu ermöglichen und die Menschenrechte zusammen besser zu schützen

Zivilist Ein Mensch, der nicht aktiv an einem gewaltsamen Konflikt beteiligt ist

Geflüchtete Personen, die ihr Heimatland verlassen haben, um einen sicheren Ort zum Leben zu finden

Regierung Eine Gruppe von Menschen, die Entscheidungen für ein ganzes Land trifft

Hilfsorganisation Eine Gruppe von Menschen, die sich zusammengeschlossen haben, um anderen Menschen zu helfen und damit der Allgemeinheit dienen